AF246013

PROCÈS-VERBAL

De la Cérémonie funèbre qui a eu lieu sur la place de la Liberté, à Lyon, le 30 Vendémiaire an 6, en mémoire du Général HOCHE.

EXTRAIT des Registres des délibérations de l'Administration centrale du Département du Rhône.

L'AN sixième de la République française, une et indivisible, le 30 vendémiaire, à dix heures du matin, en exécution de la loi du 6 du courant, et des dispositions arrêtées le 27 par l'Administration, et le 28 par le Bureau central, relativement à l'exécution d'une cérémonie funèbre en mémoire du Général HOCHE, commandant en chef les armées de Sambre et Meuse et de Rhin et Moselle, décédé à Wetzlar, le troisième jour complémentaire de l'an V, dans la trentième année de son âge ; l'Administration centrale se réunit au lieu ordinaire de ses séances pour y recevoir les diverses Autorités civiles et militaires, et les citoyens qui avaient été, la veille, invités à se réunir à elle, pour la cérémonie à laquelle cette journée est consacrée.

Sont successivement introduits et reçus,

Les professeurs et élèves de l'école centrale, le jury d'instruction, les instituteurs, les professeurs et élèves de l'école nationale, rurale et vétérinaire, les juges de paix, les tribunaux correctionnel, civil et criminel, et de commerce ; le bureau consultatif de commerce, la

A

société des médecins, la commission administrative des hospices civils, les officiers de santé en chef desdits hospices, et leurs élèves, les administrations municipales du canton de Lyon, le bureau central; les receveur et payeur généraux du département, les directeur et receveurs de l'enrégistrement et du domaine national, l'ingénieur en chef et l'ingénieur ordinaire du département, le commissaire-ordonnateur et les commissaires des guerres, le commandant de l'artillerie et les officiers du génie, les artistes des deux théâtres, les militaires blessés, les parens des défenseurs de la patrie, les secrétaires et employés des diverses administrations, les officiers de l'état-major, et le général de brigade commandant à Lyon.

Alors, le cortège se forme dans l'ordre de réception ci-dessus, défile, se met en marche entre une double haie de militaires, et parvient à la place de la Liberté, après avoir parcouru le quai du Rhône, la place de l'Égalité, le quai de la Saône, et la rue Saint-Pierre.

Chacun des membres du cortège tient à la main une branche de laurier ou de chêne.

Indépendamment de la musique militaire qui précédait le cortège et dirigeait la marche, en exécutant des airs guerriers et patriotiques, les artistes des deux théâtres, réunis près le lit funéraire du Général HOCHE, impriment pendant toute la marche, un sentiment douloureux et sombre, en faisant retentir les airs des lentes et magnifiques cadences de la marche funèbre de la composition de Gossec, que le Ministre de l'intérieur avait eu l'attention d'envoyer à l'Administration, sur l'invitation qu'elle lui en avait faite.

Au milieu du cortège, et devant l'Administration centrale et l'état-major, est porté par quatre anciens militaires, un lit funèbre de forme antique, pompeusement décoré de trophées, de signes distinctifs de Général d'armée, de couronnes de laurier enlacées de crêpes, et d'une draperie tricolore, soutenue aux quatre coins par quatre officiers - généraux de la garnison. On distingue sur l'enroulement de la tête du lit, cette inscription : *HOCHE n'est plus : il vécut assez pour la gloire, et trop peu pour la patrie.*

Deux piquets de cavalerie ouvrent et ferment la marche ; toute la garnison a les armes basses. Les tambours crêpés, exécutent par intervalles de lugubres roulemens, et les trompettes, également voilées, font entendre de sombres accens.

C'est dans cet ordre pompeux et attendrissant, qu'on arrive sur la place de la Liberté. Là s'élève, par les soins de l'artiste Chinard, au milieu d'une haute estrade en forme de cirque, un autel sur le derrière duquel domine un obélisque en marbre figuré, portant sur chacune de ses faces, l'inscription suivante :

Sur l'une : DÉBLOQUEMENT DE LANDAU.
Sur l'autre : LIGNES DE WEISSEMBOURG.
Sur la troisième : AFFAIRE DE QUIBERON.
Sur la quatrième : PASSAGE DU RHIN.
N'oublions pas d'annoncer, qu'à la crête de l'obélisque, flotte un *labarum* tricolor, sur lequel on lit ces mots simplement éloquens : A HOCHE.

L'enceinte de l'autel et de l'obélisque est ornée de trophées, de drapeaux tricolors, de cassolettes à l'antique, du buste du héros, et de inscriptions suivantes :

LES DISTANCES, LES FLEUVES, L'OCÉAN, RIEN N'ARRÊTAIT SON AUDACE.

IL FUT HUMAIN DANS LA GUERRE, ET CLÉMENT DANS LA VICTOIRE.

A 2

Weissembourg, Landau, Quiberon, par-
léront de sa gloire, et la Vendée de
ses vertus.

Son nom seul épouvanta les despotes et
les conspirateurs.

L'estrade se garnit des autorités civiles et militaires,
et des artistes : le lit funèbre est déposé avec vénération sur l'autel ; et pour le découvrir au concours immense des spectateurs , les militaires qui le portaient,
et les officiers - généraux qui en soutenaient la draperie,
restent debout en arrière : Aux angles du lit, sont : le
président du département, le général de brigade commandant à Lyon , le commissaire du Directoire exécutif près le département , le citoyen Carret, administrateur du département , chargé de déplorer la perte du
Général HOCHE , et le citoyen Bérenger, professeur
de belles-lettres et d'éloquence près l'école centrale ,
à qui, en cette qualité , l'honneur de prononcer l'oraison funèbre du héros, avait été décerné.

Une partie de la garnison ceint l'autel pyramidal ; le
reste forme un bataillon carré autour de la place : les
uns et les autres sont dans une attitude immobile, portant les armes baissées.

Les artistes des théâtres exécutent une musique de
la composition du citoyen Lamanière, sur laquelle sont
adaptées les strophes de l'hymne composé par le citoyen
Chénier , en l'honneur du héros ; ces strophes sont
chantées par les chanteurs et les chœurs des théâtres.

On entend par intervalles le formidable airain, qui ,
dès l'aube du jour , avait frappé l'air de sa bruyante
et mâle éloquence. Il se fait un roulement général et
prolongé de tambours: le silence et l'attention sont com-
mandés par le sentiment. Le président du département

se présente au devant du mausolée, se découvre, et dit à l'immense auditoire qui concentrait à peine sa douleur :

CITOYENS,

La faiblesse de ma voix ne me permet pas de rendre aux manes de HOCHE le public hommage de la patrie désolée ; un de mes collègues a bien voulu me remplacer dans cet auguste devoir de ma place et de mon cœur : et cependant le Directoire exécutif ayant ordonné que le procès-verbal de la cérémonie funèbre qui a eu lieu au champ de Mars, à Paris, le 10 de ce mois, en l'honneur du Général que nous pleurons, serait lu publiquement le 30, lors de la cérémonie ordonnée par la loi du 5, dans chaque chef-lieu de canton, le secrétaire-général de l'Administration va, pour moi encore, vous faire cette lecture.

Ce procès-verbal est lu et terminé par un cri unanime et répété de *Vive la République !*

De nouveaux roulemens de tambour annoncent aux assistans qu'on va leur déployer l'éloquence de la douleur : alors s'avance le citoyen Carret, administrateur du Département, vêtu de deuil, tenant à la main une branche de laurier ; il va faire passer dans toutes les ames l'émotion dont il est plein ; il ajoute à la grandeur du sujet qu'il va traiter, par une attitude silencieuse qui est devenue celle générale. L'orateur déplore la perte de la patrie en ces termes :

« Manes du grand homme que nous pleurons, je vous salue ! . . . . Vertus brillantes et humaines, qui fûtes les compagnes fidelles de sa vie, je vous salue ! ! ! Et toi ! Peuple français, toi qui lui ordonnas de vivre et de mourir pour tes intérêts et pour ta gloire, je te salue ! ! !

« CITOYENS,

» Lorsqu'au 1.ᵉʳ Vendémiaire nous étions rassemblés sur cette place pour célébrer la fête de la fondation de la République ; lorsque nous parlions des hauts faits, de la gloire des défenseurs de la patrie ; quand nous vantions les exploits, la valeur indomptée des armées d'Italie, du Rhin ; hélas ! nous étions loin de songer que la mort allait enlever à la France l'illustre Général qui commandait celle de Sambre et Meuse : et cependant, Citoyens, celui qui débloqua Landau, qui força les lignes de Weissembourg, qui gagna la bataille de Neuwied, qui fit trembler la perfide Angleterre, qui porta l'espérance dans le cœur des Irlandais persécutés ; le vainqueur de Quiberon, le pacificateur de la Vendée ! ! ! HOCHE enfin, n'était déjà plus ! ! ! La mort ! ! ! l'impitoyable mort avait dévoré tout ce qui était mortel chez notre héros ; il ne restait de lui que son nom, que sa gloire ! ! ! . . . , Amis, rassurez-vous ; ce nom, cette gloire sont immortels. . . . . , La vie de HOCHE a été pleine et entière, ses actions ont fait l'éloge de tous les instans de son existence ; et si la postérité demandait au siècle qui le connut, quels sont ses titres à l'immortalité, son siècle dira : il fut bon, il fut juste avec tous ; il fut grand, il fut généreux et humain envers les Français des départemens de l'Ouest qu'il soumit, et qu'il rendit à la République ; il fut terrible aux ennemis de son pays, il les vainquit par-tout où il pût les atteindre. . . . .

» Accourez, hommes sensibles, amis de la patrie et de l'humanité, venez mêler vos larmes à celles que nous arrache la mort d'un jeune héros qui, semblable à la fleur du matin, n'a paru qu'un instant sur la terre pour y exciter notre admiration : accourez, venez tous pleurer avec nous.

» Citoyens, Hoche eut le bonheur de naître au sein d'une de ces familles respectables de ce qu'on appelait alors le *Tiers-Etat*, de ces familles dont le nombre fait par-tout la force, la grandeur et la véritable richesse des empires. Son père était militaire ; la vocation du fils fut bientôt décidée; le dieu de la guerre avait deviné son génie, il s'en empara, il le fixa irrévocablement sous ses étendards. HOCHE fit ses premières armes dans les Gardes françaises, dans ce corps fameux qui le premier, à l'aurore de la révolution, montra à tous les militaires qu'ils se doivent à la nation, et non pas à des maîtres qui les payent avec le prix de la sueur de ceux qu'ils appellent leurs sujets; comme si l'homme, né l'égal de l'homme, pouvait avoir d'autres maîtres que Dieu et la loi !

» En formant l'ame de HOCHE, la nature l'avait destiné à être un héros, elle lui avait donné le germe de tous les talens, de toutes les vertus ; et cependant il était réservé par l'orgueil de son siècle, à languir ignoré, à vieillir dans les emplois subalternes. La guerre de la liberté le plaça sur un théâtre digne de lui, elle lui fournit l'occasion de développer ses grandes facultés. Il parcourut tous les grades ; dans tous il annonça ce qu'il pouvait être un jour, et ce qu'il serait dans les grandes occasions. Il sut employer utilement ses loisirs, il les consacra tous à l'étude, il se familiarisa avec l'histoire des grands hommes de tous les temps, dont il avait pressenti de bonne heure qu'il pouvait égaler le génie et les triomphes. Il apprit à devenir César dans la guerre; il eût été Brutus pour la liberté de son pays. Accourez, amis de la patrie, venez tous pleurer avec nous ! ! !

» HOCHE était dominé par deux grandes passions, l'amour de l'humanité, l'amour de la République : son ame, libre et forte, était pénétrée de cette grande vérité, que le Gouvernement républicain convient seul à la dignité de l'homme. Toutes ses idées, toutes ses affections tendaient à ce but. Il est mort en prononçant le mot chéri de République, mais il est mort avec la douce satisfaction de savoir qu'elle avait triomphé de ses plus implacables ennemis ; il est mort après le 18 Fructidor ! ! !

» Je te rends graces, puissant Moteur de l'Univers, je te rends graces. Ta justice laissa vivre assez long-temps notre Héros, pour que la renommée lui apprît les évènemens de ce grand jour ; de ce jour à jamais célèbre dans les fastes de la Liberté ; de ce jour immortel, qui, des bords du précipice, replaça la France au premier rang des Nations, qui anéantit l'espoir des conspirateurs, qui détruisit les espérances cruelles des auteurs des traités de Pilnitz et de Mantoue, qui enchaîna les projets sanguinaires de Blankembourg ; de ce jour qui arrêta la flamme dévorante qui allait consumer ma patrie ; de ce jour qui fit rentrer la guerre civile, l'horrible guerre civile dans les enfers, dont elle avait déjà dépassé les bords. O jour heureux, jour de gloire, je te salue : tu portas la douce consolation, tu répandis le baume de l'espérance, tu fis reluire les rayons de la vie dans l'ame de notre Héros.... Douces espérances, tendres illusions de l'amitié .... vous fûtes toutes trompées .... il était écrit que HOCHE avait assez vécu ! ! ! Les destins lui avaient promis une vie courte et illustre, les destins lui avaient tenu parole ; il en avait marqué tous les instans du sceau de ses vertus.

» HOCHE avait toujours désiré que la mort le frappât, comme Epaminondas, sur le champ de bataille ; ce vœu de sa grande ame ne fut pas entendu.... il est mort comme Alexandre, sur son lit , dans les bras de l'amitié, au milieu des soldats éplorés ! ! ! Il est mort sous le poids de ses travaux, accablé de ses triomphes et de sa gloire ! ! ! Mais , plus heureux que le fils de Philippe, il a emporté les regrets de son pays, et ceux de l'ennemi qu'il avait vaincu. Alexandre fut conqué-rant pour asservir, HOCHE ne combattit que pour la liberté. Accourez, amis de la patrie, venez tous pleurer avec nous ! ! !

» Si j'étais militaire, Citoyens, je vous peindrais HOCHE au milieu des combats ; je me plairois, sur-tout, à vous le montrer à la tête de l'armée de la Mo-selle, la conduisant pendant 14 jours de marche for-cée à travers les montagnes que la nature et l'art avaient fortifiées, qu'une artillerie formidable couronnait, que la neige et la glace rendaient impraticables à tous autres qu'à des soldats Français ; je vous le montrerais au milieu de tous ces obstacles, les surmontant tous les uns après les autres, les franchissant plusieurs à-la-fois, se trou-vant par-tout où est le danger, se multipliant au gré de tous les besoins, faisant passer son ame dans l'ame de ses soldats, et opérant enfin, en dépit de toutes les puissances, des élémens et des ennemis déchaînés contre lui, cette incroyable jonction de l'armée de la Moselle à l'armée du Rhin. L'envie fut, pour cette fois, forcée au silence ; elle s'avoua vaincue par le génie ! Mais le génie de HOCHE la vainquit encore au passage du Rhin, aux portes de Francfort, comme il l'avait vaincue à Landau et à Quiberon. Accourez, amis de la patrie, venez tous pleurer avec nous ! ! !

» Vous avez vu, Citoyens, combien il était grand,

notre Héros, combien il était terrible pour l'ennemi, dans un jour de bataille ; ah ! si vous saviez combien il était sensible ! combien son ame douce et compatissante eut à souffrir à l'aspect des maux de la Vendée !.... Si vous saviez que de larmes amères il a versées sur ce malheureux pays ! que d'efforts généreux il a déployés pour détruire les préjugés des habitans trompés par l'Angleterre, par les émigrés, par les prêtres ; troméps par toutes les espèces de séductions. Ah ! combien il a fallu de modération, de patience, de force d'ame à ce grand homme, pour arrêter, d'une part, l'ardeur du soldat qui s'indignait de la résistance, et vaincre, de l'autre, le fanatisme opiniâtre des Vendéens, à qui l'on avait persuadé que la République voulait détruire leur pays et leur religion ! Non, Citoyens, non ; il n'y a que l'héroïsme de la vertu qui puisse se prêter à tant de sacrifices ; il n'y a que lui qui puisse opérer de tels prodiges ! Aussi, les Départemens de l'Ouest attesteront à la postérité, que HOCHE a poussé l'amour de l'humanité jusqu'à la passion. Il me semble les entendre répéter dans l'éternité des siècles, ces paroles de reconnaissance : Il fut pour nos contrées malheureuses, un ministre de paix ; il éteignit les haines ; il rapprocha les familles ; il lia les citoyens, il refit entr'eux le pacte social.... Enfin, il mérita d'ajouter à tous ses titres de gloire, le plus beau de tous les titres, celui de *pacificateur de la Vendée*....Accourez, amis de l'humanité, accourez, pressez-vous, venez tous pleurer avec nous la mort d'un jeune Héros, qui, semblable à la fleur du matin, n'a paru qu'un instant sur la terre, pour y exciter notre admiration, et recueillir nos regrets. Accourez, venez réjouir son ombre ; dites-lui : Ombre révérée, nous jurons d'imiter tes vertus ; nous jurons d'aimer, comme toi, et la République et l'humanité !

„ Mais, Citoyens, il eût manqué quelque chose à tous ses titres éclatans, s'il n'avait pas eu les honneurs de la persécution, s'il n'avait pas été aussi une des victimes désignées par les tyrans qui ne voulaient pas que la France fût une République. Le croiriez-vous, Citoyens? pour prix de tant de services rendus, pour récompense de tant de vertus, HOCHE fut plongé dans les cachots! Les mains du Héros qui avait tant de fois conduit le char de la victoire, furent chargées d'indignes fers : son acte d'accusation fut dressé, il allait paraître devant ce tribunal infâme qui dévorait la France!!!!!! Mais, le génie de la Liberté, le génie bienfaisant du monde, amena enfin le neuf Thermidor!!! Neuf Thermidor, tu rendis un libérateur à la France, un consolateur à l'humanité, un Héros à la victoire.... Au nom de la patrie, nous te rendons graces, journée immortelle, et nous jurons tous, en présence de l'Etre Suprême, de l'Etre juste et souverainement bon, qui te fit luire pour arrêter le crime dans sa course de sang; nous jurons haine, guerre éternelle et inextinguible à la terreur, à ce règne décemviral, qui souilla de tant d'horreurs une révolution que la philosophie et la sagesse avaient préparée pour le bonheur du monde. Console-toi, ô France! ô ma patrie! console-toi! tes jours de gloire sont revenus; le neuf Thermidor et le 18 Fructidor ont assuré tes hautes destinées. La sagesse préside à tes conseils, elle dirige ton gouvernement; la force, le courage, toutes les vertus civiles et guerrières sont dans tes armées. Console-toi, ô France! ô ma patrie! console-toi! le génie de HOCHE vit toujours ; son courage, ses vertus, sa vie toute entière, animent Augereau, Massena, Dessaix, Lefebvre, Championnet, Berthier, Bernadotte, et cette foule inmense de grands Capitaines dont la République s'honore! Console-toi, il vit dans son ami, dans cet être étonnant, qui, dans le court espace d'une année, dans une seule campagne, avec 56 mille hommes.... (de troupes républicaines) a fait tout ce que les grands Généraux qui l'ont précédé, n'ont pu exécuter dans le long espace d'une vie très-prolongée, avec des troupes bien supérieures en nombre ! il vit dans l'ame de Buonaparte. Console-toi, ô France! ô ma patrie! console-toi ! tes jours de gloire sont revenus. Le triomphe de la Liberté est assuré, la République est inébranlable, tous les vœux de HOCHE sont remplis. VIVE LA CONSTITUTION DE L'AN TROIS ! VIVE LA RÉPUBLIQUE ! »

LE recueillement qui avait accompagné l'orateur est soudain et généralement interrompu par l'éclat des applaudissemens ; et les cris de *vive la République* sont entendus, répétés, prolongés et entendus encore de toutes les parties de la vaste enceinte de l'auditoire, pénétré de vénération et de douleur.

A l'orateur qui venait, en remuant les ames, de préparer si favorablement les assistans à de nouvelles et vives émotions, succède le citoyen Bérenger, professeur d'éloquence et de belles-lettres, chargé par l'Administration centrale du panégyrique du héros. On s'attend, et cette attente ne peut être vaine, on s'attend aux mouvemens les plus oratoires et les plus entraînans ; l'ame reste suspendue entre les sanglots et l'admiration ; on a pleuré, on veut pleurer encore ; on veut être nourri, brisé de douleur ; on prête une oreille attentive ; l'ame du citoyen Bérenger s'élance, l'oraison funèbre de *Charles* HOCHE se prononce, et l'orateur fait éprouver aux assistans toutes les palpitations de la

douleur, tous les mouvemens de l'admiration, tous les sentimens enfin du patriotisme, de la vraie gloire et de l'honneur français. Pouvait-il en être autrement, en racontant la longue et pleine vie d'un héros, d'un grand homme acquis à trente ans à l'immortalité ? Un regret de l'Administration, c'est que le cadre resserré d'un procès-verbal ne lui permette guère de publier en entier un panégyrique digne des pages préparées pour les fastes de la République. Disons cependant que l'orateur représente son héros dans le cours de ses victoires, " comme
» le *Buonaparte* du nord, et du fond de l'Hercinie,
» tendant, pour ainsi dire, la main à ce grand homme,
» pour exécuter un plan colossal conçu par le génie
» de la sagesse et exécuté par celui de la victoire. »

Il trace à grands traits les divers succès de l'armée d'Allemagne ; il admire, surtout, le talent de HOCHE pour animer et entretenir le véritable esprit militaire. Il sut l'approprier à ses vues, cet esprit, et l'adapter à la révolution par la création de la légion des Francs, bataillon sacré de la patrie, qui a fait sur le Rhin de ces choses mémorables qui semblent rappeler les combats des Titans.

La paix allait couronner tant de victoires ; mais l'Anglais frémissant de rage, n'est pas encore saturé de vengeances et de crimes ; il prolonge, il solde la guerre, et les Rois lui dévouent encore cent mille victimes. — Une flotte perfide vomit à Quiberon les plus déterminés rebelles ; les chouans s'y rassemblent, s'y fortifient ; le combat s'engage, il est sanglant, il est horrible. HOCHE et ses fiers républicains, HOCHE parmi la brume et les vagues de l'Océan, parmi des flots d'ennemis plus furieux que les vagues écumantes, HOCHE triomphe ; la victoire est à nous : les Anglais, les émigrés, les élémens sont vaincus.

Le citoyen Bérenger semble se complaire à dépeindre l'ame du pacificateur de la Vendée, et, son style se calme, se nuance et se proportionne au sujet : il suit la conduite administrative du Général, il s'attache à la morale pure, à la politique franche et sublime de ses proclamations, " toutes empreintes de ce grand et » sensible amour des hommes, sans lequel le patrio- » tisme lui-même ne serait qu'un incendie, au lieu » d'être le feu vital des états. »

On voit le Général présent par-tout, prévoyant tout, s'attachant surtout, en excusant les erreurs de ces infortunés, à leur en montrer les féroces instigateurs et le but perfide. Il leur fait voir qu'ils sont égarés par des chefs ambitieux dont ils ne sont que les instrumens et les victimes. Il les prémunit à tout moment, et contre les fausses terreurs, et contre les mouvemens rétrogrades ; il compatit au malheur ; il ne heurte pas leurs préju- gés ; il unit les bienfaits aux leçons, il est. . . . tolérant et parmi des fanatiques, et, ce qui est bien plus encore, parmi des hypocrites de fanatisme qu'il surveille avec l'œil vigilant du civisme. Enfin, il courbe doucement et par tous les moyens, les volontés les plus rebelles, sous le joug de la souveraineté nationale ; et il démontre avec une éloquence qui parle à-la-fois au cœur et à la raison, que la République est la seule issue qui reste au bonheur particulier et au salut public.

L'orateur termine cette partie de son discours (très- pensée et très-sentie) par une apostrophe au génie de HOCHE, qui terminera cette analyse rapide : " Jeune » Héros, qui terrassas la rebellion et qui étouffas la » guerre civile, tu sus triompher de toutes les contra- » dictions que l'envie, la soif de dominer et la fureur » des partis soulèvent contre la *liberté* leur commune

» ennemie . . . . . Ah ! tu connus la vraie gloire , et
» le titre de *Pacificateur* que tu méritas, te décerne
» mieux que le bronze , la véritable immortalité. Du
» haut des cieux où tes élémens se sont réunis sans
» doute au premier principe des êtres , daigne veiller
» sur nous ; sauve-nous , s'il est possible, de nos
» propres erreurs, de nos préjugés nuisibles, de nos aveu-
» gles résistances : et si ton génie a la charge de faire
» surgir au port de la paix, le vaisseau de la Répu-
» blique, change en terreur subite l'audace des méchans
» qui conspirent *contre ceux qui dirigent* le gouvernail ;
» change en force invincible la molle résistance des
» gens de bien qui n'aident point à ses manœuvres et
» dédaignent ses pilotes ; change , enfin, en opprobre
» public , la lâche réserve des indifférens qui ne peuvent
» se prononcer. . . . Que ces cœurs froids s'échauffent
» enfin et palpitent comme le tien, au doux nom de
» patrie, de victoire, de liberté. . . . Alors l'accord
» sublime et touchant de nos voix fraternelles et triom-
» phantes, frappera le ciel et la terre du cri solennel :
» Vive la République ! »

L'Administration félicite le citoyen Bérenger d'avoir
trouvé ces sentimens dans son cœur, et d'avoir, par
les applaudissemens qu'il a excités, donné occasion de
faire éclater la conscience publique.

La cérémonie va se terminer : un chœur de chanteurs et de cantatrices, que soutient un orchestre nom-
breux, entonne la sublime et électrisante strophe :
Amour sacré de la patrie : à cette mélodie succède le
Chant du départ, pendant lequel, tout le cortège et
toute la garnison s'avancent pour rendre les derniers
honneurs à l'invincible athlète de la liberté, à Hoche :
on défile en grand appareil devant le mausolée ; les

mains qui portent des branches de laurier ou de chêne, en jonchent le lit funèbre ; les bras armés donnent au héros le salut militaire.

Alors le cortège rentre en pompe à la maison commune, y dépose la dépouille précieuse et vénérée du Général, et se dissout.

Ainsi se termine cette journée brillante et mémorable, précieuse pour les amis de la patrie, consolante pour ses défenseurs, et digne d'un souvenir ineffaçable.

Collationné, certifié conforme :

GUIGOUD, secrétaire en chef.

A LYON, de l'Imprimerie de BALLANCHE et BARRET, aux Halles de la Grenette. An 6.

79